女声合唱のための

C.ロセッティの4つの歌

木 下 牧 子＝作曲

カワイ出版

一番最初に書いた女声合唱作品『ファンタジア』の中で、クリスティナ・ロセッティの短編をテキストに使って以来、いつかロセッティの訳詩だけで曲集を作ってみたいと思っていた。私がオリジナルの全詩集から好きな作品を選び出し、才能あふれる訳詩者、吉田映子さんが書き下ろす、という楽しい計画を立てていたのだが、いよいよという時、思いもかけず吉田さんが急逝。結局、既刊の訳詩集の中から気に入ったものをピック・アップするという、無難な形に落ち着いたのだが、これほどポピュラーな詩人にしては、訳詩集は驚くほど少なく、ほとんどの場合、英詩のアンソロジーに１～２篇載っているだけ。また、いかにも英文学研究者といった感じの堅い訳や、「なの…」「だわ…」という、今時あまり使われない女言葉を連発しているものもあって、訳詩の難しさをかいま見たような気がする。幸い、苦労して選んだ甲斐あって、魅力的な4篇を集めることができたが、もし、吉田さんが生きていらしたら、どんな魅力的な新訳が誕生していたかと思うと、本当に残念だ。

曲は、ゆっくりとしたテンポで憂いに満ちた第１・３曲と速めのテンポで明るい雰囲気の第２・４曲、対照的な曲を交互に配置した。もっとも第４曲は内容的には決して明るいものではなく、悲しみを強調するために音楽を意図的に明るくしたものではあるが。

第１曲「私が死んでも」の前半のみ、前述の吉田さんの訳詩である。後半は彼女の親友で英文学者の内藤里永子さんに訳していただいた。ささやかな、ささやかなレクイエムのつもりで作曲した。

全体としては、切なく、美しく、洒落た大人の歌、というのを目指してみた。ここ数年、技巧を抑えた、シンプルで旋律主体の作品を書き続けてきたが、一応この曲集で一段落。今後は、また別の展開をしていくことになるだろう。

委嘱・初演は女声合唱団渚。作品の仕上がりが大幅に遅れて迷惑をおかけしたにもかかわらず、関屋晋先生の指揮のもと、心のこもった美しい初演を聴かせていただいた。心から感謝申し上げます。

なお、出版にあたっては、いつもながらカワイ出版の早川由章氏にご尽力いただいた。

1999年4月

木 下 牧 子

●委　　嘱：女声合唱団　渚
演奏初演：1998年10月17日／紀尾井ホール
《創立20周年記念演奏会》
指　揮：関屋　晋
ピアノ：松井洋子

女声合唱のための
C《クリスティナ》.ロセッティの4つの歌

●全曲の演奏時間＝約14分30秒

1 私が死んでも

クリスティナ・ロセッティ 作詩
吉田映子/内藤里永子 訳詩
木下牧子 作曲

cresc.
みどりの くさに おおわれ て ー あめ や ーつゆを
cresc.
div.
unis.
みどりの くさに おおわれ て ー あめ や ーつゆを
cresc.
ーうけるの ー おもいだすならー
ーうけるの うけるの おもいだすならー
おもいだ ーして ー わ
div.
unis.
おもいだ ーして ー わ

23
rit.
a tempo
mp
p
すれるなら　ー　わすれて
すれるなら　わ　すれるなら　わすれて
rit.
a tempo
f
mp
p
27
ー　ー
ー　ー
mp
31
p
わたしものも　かたちもー　ー　みないでしょう
わたしものも　かたちもーかたちも　みないでしょう
p
p

35
mp
つ ち う つ あ め も か ん じ な い ー ー ー
mp
つ ち う つ あ め も か ん じ な い ー ー ー
mp
mp
38
mf
ナ イ チ ン ゲ ー ル が た か く う た う く の う の
mf
ナ イ チ ン ゲ ー ル が た か く う た う く の う の
mf
41
p
cresc.
ね い ろ も き か な い で しょう ー た だ ゆ め を み つ づ け る
p
cresc.
ね い ろ も き か な い で しょう ー た だ ゆ め を み つ づ け る
p
cresc.

44
f
の く ら が り で あ け る こ と も な い ー く
div.
f
unis.
の く ら が り で あ け る こ と も な い ー く
f
48
mp
mf
cresc.
れ る こ と も な い お も い だ す か し ら
mp
mf
cresc.
れ る こ と も な い お も い だ す か し ら
mp
mf
cresc.
51
ff
ー わ た ー し わ す れ て ー し
div.
ff
ー わ た ー し わ す れ て ー し
ff

54
dim.
rit.
meno mosso ♩ = 48
p
まうのかしら
ー
ー
わたー
しまうーのかしら
f
unis.
まうのー
しまうのかしら
ー
dim.
mp
58
a tempo ♩ = 63
しー
ー
p
mp
62
(rit.)
rit.
pp

2 夏

クリスティナ・ロセッティ 作詩
中村妙子 訳詩
木下牧子 作曲

10
f
つ　は　も　う　ま　ぢ　か　ー　な
f
つ　は　も　う　ま　ぢ　か　ー　な
f
6
Ped.
13
つ　は　も　う　ま　ぢ　か　ー
つ　は　も　う　ま　ぢ　か　ー
Ped.
17
mp
ろ　く　が　つ　は　は　な　の　つ　き
unis.
mp
ろ　く　が　つ　は　は　な　の　つ　き　か　じ
mp
5
Ped.

20
かじつのつき きぎはみどり ゆたかな
つのつき きぎはみどり ゆたかな
Ped.
23
mf
おおえだを さしのべ やちょうが
おおえだを さしのべ やちょうが
26
それぞれにうたうときだ
div.
それぞれにうたうときだ

29
f
と し の あ ゆ み が ろ く が つ で と ま
f
と し の あ ゆ み が ろ く が つ で と ま
f
Ped. Ped. Ped.
32
mf
り ー い ち ね ん じゅう ろ く が つ だ っ た ら い い
mf
り ー い ち ね ん じゅう ろ く が つ だ っ た ら いい
mf
Ped. Ped. Ped. Ped. Ped. Ped. Ped.
35
mp
な ー そ れ は だ い ち が ー み ど り
unis. mp
な ー そ れ は だ い ち が ー み ど り
mp
Ped.
Ped.

38
に お お わ れ ー せ せ ら ぎ が
div.
unis.
に お お わ れ ー せ せ ら ぎ が
41
こ こ ろ よ い ひ び き を つ た え る と
こ こ ろ よ い ひ び き を つ た え る と
44
p
poco
き よ る が い ち ば ん み じ か く
p
poco
き よ る が い ち ば ん み じ か く
p
poco

47
a poco cresc.
mf
ひ る が い ち ば ん な が い と き ー い ち
a poco cresc.
div. mf
ひ る が い ち ば ん な が い と き ー い ち ねん
a poco cresc.
mf
Ped.
50
ねん じゅう ろ く が つ だ っ た ら こ ん な た の し い
unis.
じゅう ろ く が つ だ っ た ら こ ん な た の し い
53
f
せ か い は ま た と な い だ
div. f
unis.
せ か い は ま た と ま た と な い だ
f

56
mf
ろう　ー　お い で よ　カッ コー　お い　で!　は や く
mf
ろう　ー　お い で よ　カッ コー　お い　で!　は や く
6
mf
Ped.
Ped.
60
き た ま え ー　ツ バ　メ!　まっ　て　い た ん だ よ
き た ま え ー　ツ バ　メ!　まっ　て　い た ん だ よ
Ped.
Ped.
63
き　み　ら　を　ー　き み ら が く
き　み　ら　を　ー　き み ら が く
6
Ped.
Ped.
Ped.

66
f
div.
れ ば ー な つ は も う ま ぢ
れ ば ー な つ は も う ま ぢ
6
Ped.
69
mf
ff
か ー な つ は も う な つ は も う ま ぢ
か ー な つ は も う な つ は も う ま ぢ
73
rit.
か ー ー ー
か
Ah
8va
5

3 それはなに

クリスティナ・ロセッティ 作詩
入江 直祐 訳詩
木下 牧子 作曲

13
mf
mp
は と の よう に し たしい も の あ ふ れ な が れ る か わ の よう に ゆ た か な も の い つ
mf
は と の よう に し たしい も の あ ふ れ な が れ る か わ の よう に ゆ た か な も の
mf
17
f
ま で も い つ ま で も い つ い つ ま で も わ が み の さ ち と も め じ る
mp
f
い つ い つ ま で も い つ ま で も わ が み の さ ち と も め じ る
mp
f
21
mp
し と さ え お も わ れ る も の ー
div.
mp
し と さ え お も わ れ る も の ー
mp

25
p
ものういよるのおんがくの ー きえてゆく
unis.
p
mp
おんがくの きえてく
p
29
mp
ひとふしのように なつかしいもの ー やっと
ひとふしのように
mp
p
a
mp
33
cresc.
よがあけはなれ いちめんにひを ーあびて すがすが
p
cresc.
div.
a
すがすが
p
cresc.

37
f
mf
しい　ーのは　ら　のように　はれやかなも　の　ー　ー
unis.
しい　ーのは　ら　のように　はれやかなも　の　ー　ー
42
p
たそがれの
たそがれの
mp
46
mf
ゆう　やけのよう　に　かがやく　もの　めのもえる
ゆう　やけのよう　に　かがやく　もの　めのもえる

50
mp
こ だ ち の よ う に た の し い も の ひ と し ら ぬ う み に か こ
mp
こ だ ち の よ う に た の し い も の ひ と し ら ぬ う み に か こ
mp
54
mf
ま れ た ー こ じ ま の よ う に き よ ら か な も の め ざ め て は つ ら い
mf
div.
ま れ た ー こ じ ま の よ う に き よ ら か な も の め ざ め て は つ ら い
mf
58
f
ゆ め と は い い な が ら ー あ あ ー ゆ め の ま の う れ し
f
ゆ め と は い い な が ら あ あ ー ー ー ー ゆ め の ま の う れ し
f

62
mf
い こ と　のめば どくのある いずみとはい いながら ああーー
ああーーー
い こ と ーー　のめば どくのある いずみとはい いながら ーー
66
ff
rit.
a tempo
ーーそのみずの おいしい こ と
ああ ーそのみずの おいしい こ と
70
mp
(rit.)
pp

4 もう一度の春

クリスティナ・ロセッティ 作詩
岡田忠軒 訳詩
木下牧子 作曲

13
しはすぐにクローカスをさかす はのない
しはすぐにクローカスをさかす はのなーい
mf
17
f
ピンクのメジリオン
mp
つめたい
f
ピンクのメジリオン
f
21
ようみゃくのスノードロップ もっとすて
mp
スノードロップ もっと
mp
Ped.

25
mf
き な し ろ か そ ら い ろ ヴァイ オ レッ ト ー は に
mf
す て き な し ろ か そ ら い ろ ヴァイ オ レッ ト ー は に
mf
Ped.
Ped.
29
f
mf
く る まっ た ー プ リ ム ロー ズ ー な
div.
f
く る まっ た ー プ リ ム ロー ズ ー
f
Ped.
Ped.
33
ん で も お く れ ず す ぐ に さ く も の
unis.
mf
な ん で も お く れ ず す ぐ に さ く も ー ー の
Ped.
Ped.
Ped.

37
f
を ー もういちど はるに
を ー もういちど はるに
f
Ped. Ped. Ped. Ped. Ped. Ped.
41
あえたら わたしは ひるのことりをき
あえたら わたしは ひるのことりをき
Ped.
simile
45
mf
こう ーー すづくり つがい さえずること
mf
こう ーーー すづくり つがい さえずること
mf

りをー あいてのいない ナイチン ゲール をまた
りをー あいてのいない ナイチン ゲール をまた
ずー げんきな うしの
ずー げんきな うしの
なきごえをきこう ー まっ しろな こども をつれた
なきごえをきこう ー まっ しろな こども をつれた

61
mp poco a poco
めひつじもーあられのなかにふ
めひつじもーあられのなかにふ
mp poco a poco
Ped. Ped. Ped.
65
cresc.
くかぜのすべてにうたのしらべ
div.
くかぜのすべてにうたのしらべ
cresc.
Ped. Ped. simile
69
ff
をみいだそうーー
ff
をみいだそうーー
ff
poco a

74
rit.
unis.
もしも
rit.
poco dim.
80
a tempo
もういちどはるにあえたらあ
もういちどはるにあえたらあ
a tempo
simile
84
あわたしのかこをつきさすことばー
div.
あわたしのかこをつきさすことばー

88
かこがみな もしもでー おわる
かこがみな もしもでー
92
dim.
rit.
meno mosso
なんてーー もし
unis.
ー おわるなんてー もし
97
かー もしか
div.
unis.
かー もしか
rit.

Tempo I (♩=112)
101
f
も う い ち ど は る に あ え た ら きょ う と
f
も う い ち ど は る に あ え た ら きょ う と
Tempo I (♩=112)
f
Ped.
Ped.
simile
105
mf
い う そ の ひ を わ ら お う ー ー つ か
mf
い う そ の ひ を わ ら お う ー ー ー つ か
109
f
の ま の きょ う を な に も う ま っ た り せ
f
の ま の きょ う を な に も う ま っ た り せ
mf
f

113
ずにー　みじかー　いいのち　の　きょう　を　いきよ
ずにー　みじかー　いいのち　の　きょう　を　いきよ
118
ff
う　きょう　こ　そ　たのしみ　そして　そ
div.
ff
う　きょう　こ　そ　たのしみ　そして　そ
ff
123
rit.
して　うたおう　ー　ー
しー　て　うたおう　ー　ー
rit.
Ped. Ped. Ped. Ped. Ped. Ped.

4　もう一度の春

訳詞　岡田忠軒

もういちど、春に会えたら
夏の花を植えて、待ったりはしない
わたしはすぐに、クローカスを咲かす
葉のない、ピンクのメジリオン
冷たい葉脈のスノードロップ、もっとすてきな
白か空いろヴァイオレット
葉にくるまったプリムローズ、なんでも、
おくれず、すぐに咲くものを

もういちど、春に会えたら
私は昼の小鳥を聞こう
巣づくり、つがい、さえずる小鳥を
相手のいない、ナイチンゲールを待たず
元気な牛の啼声《なきごえ》を聞こう
まっ白な子供を連れた雌羊《めひつじ》も、
霰《あられ》の中に、吹く風のすべてに
歌の調べを見出そう

もしも、もういちど、春に会えたら——
ああ、わたしの過去を突き刺す言葉
過去がみな、「もしも」で終わるなんて——
もしか、もういちど、春に会えたら
今日という、その日を笑おう、束の間の今日を
何も、もう、待ったりせずに、
短い命の、今日を生きよう
今日こそ楽しみ、そして歌おう

3　それはなに

訳詞　入江直祐

甘露のように　元気をつけてくれるもの、
空を行く雲のように　優しくしてくれるもの、
舞ひめぐる鳩のように　したしいもの、
あふれ流れる河のように　ゆたかなもの、
いつまでも　いついつまでも、
わが身の幸《さち》とも目じるしとさえ思われるもの、

ものうい夜の音楽の
消えて行く一節《ひとふし》のように　なつかしいもの、
ほんの一時のたのしみに
乙女が摘んで捨ててしまって
すっかり忘れた花のように　うつくしいもの、

やっと夜が明けはなれ
一面に日を浴びて　すがすがしい
*黄花野原*のように　はれやかなもの、
もう*一日*も暮れる頃の
*うすれ陽*のように　なごやかなもの、

たそがれの夕焼けのように　かがやくもの、
芽の萌える木立のように　たのしいもの
人知らぬ海にかこまれた

小島のように　清らかなもの、
*露深い花薔薇の香*のように
うれしくて　そして　やっぱり実のならぬもの、

目覚めては　つらい夢とはいいながら、
ああ夢の間の　うれしいこと。
飲めば毒のある泉とはいいながら
ああ　その水のおいしいこと。

斜字の部分は作曲されていません。
新仮名使いに改めました。

2 夏

訳詞　中村妙子

おいでよ、カッコー、おいで！
早くきたまえ、ツバメ！
待っていたんだよ、きみらを。
きみらがくれば、夏はもう間近
6月は花の月、果実の月
木々は緑ゆたかな大枝をさしのべ
野鳥がそれぞれに歌うときだ。

年の歩みが6月でとまり
一年中、6月だったらいいな
それは大地が緑におおわれ
せせらぎが快い響きを伝えるとき
夜がいちばん短く
昼がいちばん長いとき
一年中、6月だったら
こんな楽しい世界はまたとないだろう。

C.ロセッティの4つの歌

作詩　C.ロセッティ

1　私が死んでも（うた）

訳詞　吉田映子／内藤里永子

私が死んでも、最愛の人よ
悲しい歌は歌わないで。
お墓には　ばらもいりません。
影ふかい糸杉も。
ただ、緑の草におおわれて、
雨や露をうけるの。
思い出すなら、思い出して、
忘れるなら、忘れて。

わたし　物も形も見ないでしょう。
土打つ雨も感じない、
ナイチンゲールが高く歌う、
苦悩の音色も　聞かないでしょう。
ただ夢を見つづけるの　くらがりで、
明けることもない　暮れることもない。
思い出すかしら　わたし、
忘れてしまうのかしら　わたし。

第2節　内藤訳

女声合唱のための **C. ロセッティの4つの歌** 木下《きのした》牧子《まきこ》 作曲

●発行所＝カワイ出版 (株式会社 全音楽譜出版社 カワイ出版部)
〒161-0034 東京都新宿区上落合 2-13-3 TEL 03-3227-6286 ／ FAX 03-3227-6296
出版情報 http://editionkawai.jp
●楽譜浄書＝神田屋 ●印刷・製本＝大日本印刷株式会社

ISBN978-4-7609-1547-7

1999年5月1日 第1刷発行
2025年6月1日 第61刷発行

木下牧子 合唱作品

〔混声合唱〕

ティオの夜の旅
池澤夏樹 詩 （中級）

方 舟
大岡 信 詩 （中級）

夢のかたち
萩原朔太郎 他詩 （中級）

光る刻《とき》〔改訂新版〕
蔵原伸二郎 他詩 （中級）

邪宗門秘曲〔改訂新版〕
北原白秋 詩 （中～上級）

こまどりをころしたのだれ?
〔編曲〕浅井資子 訳 （初～中級）

オンディーヌ
吉原幸子 詩 （中～上級）

春の予感★
今成敏夫 詩 （中級）

夢みたものは
立原道造 他詩 （初～中級）

三つの不思議な物語
吉田映子 羽仁協子 訳 （中級）

大伴家持の三つの歌
大伴家持 作歌 （中級）

ELEGIA《エレジア》★
北園克衛 詩 （中～上級）

四万十川
山下正雄 森尾岩固 詩 （中級）

にじ色の魚
村野四郎 詩 （中級）

いま！♡
まど・みちお 詩 （初～中級）

光はここに〔改訂版〕
立原道造 詩 （中級）

鷗〔パイプオルガン伴奏付き〕♡
三好達治 詩 （中級）

夕ぐれの時はよい時
堀口大學 詩 （中級）

ミライノコドモ
谷川俊太郎 詩 （中級）

〔女声合唱〕

ファンタジア
木島 始 詩 （中級）

あわていきもののうた
木島 始 詩 （中級）

こまどりをころしたのだれ?
〔編曲〕浅井資子 訳 （初～中級）

暁と夕の詩
立原道造 詩 （中級）

オンディーヌ
吉原幸子 詩 （中～上級）

わたしは風
新川和江 詩 （中級）

月の角笛
新美南吉 他詩 （初～中級）

C. ロセッティの４つの歌
吉田映子 他訳 （中級）

幻 影
吉行理恵 詩 （中級）

悲しみの枝に咲く夢
大手拓次 詩 （中級）

いま！♡
まど・みちお 詩 （初～中級）

自然と愛と孤独と
エミリー・ディキンスン 詩 （中級）

木下牧子女声合唱曲選 ア・カペラ篇★
（中級）

木下牧子女声合唱曲選 ピアノ伴奏篇
（中級）

〔男声合唱〕

Enfance finie《アンファンス フィニ》
三好達治 詩 （中級）

真夜中
清岡卓行 詩 （中～上級）

ティオの夜の旅
池澤夏樹 詩 （中級）

方 舟〔改訂版〕
大岡 信 詩 （中級）

わたしはカメレオン★
有馬 敲 他詩 （中級）

光る刻《とき》
蔵原伸二郎 他詩 （中級）

鷗・夢みたものは★
三好達治 立原道造 詩 （中級）

鷗〔ピアノ伴奏付き〕♡
三好達治 詩 （中級）

駱駝の瘤にまたがって
三好達治 詩 （中級）

★…無伴奏作品
♡…合唱ピース

女声合唱作品

女声合唱とピアノのための
春 風
吉田映子 訳詩／横山潤子 曲 （中級）

女声合唱曲
道は空に続いているか
なかにしあかね 詩・曲 （初～中級）

女声合唱組曲
いろはにほへとちりぬるを
谷川俊太郎 詩／池辺晋一郎 曲 （中級）

女声合唱のためのソング集
しゅっぱつ・半分愛して
工藤直子・寺山修司 詩／大中 恩 曲 （初級）

女声合唱とピアノのための
百八歳まで
吉田映子 訳詩／横山潤子 曲 （中級）

女声合唱曲
Benedicta es tu, Virgo Maria
なかにしあかね 曲 （中級）

女声合唱曲
あいたくて
工藤直子 詩／三宅悠太 曲 （中級）

合唱ピース
さよーならまたいつか!
石若雅弥 編曲 （初～中級）

女声合唱組曲
あしたが ある
工藤直子 詩／山下祐加 曲 （初～中級）

女声合唱とピアノのための
道しるべ
茨木のり子 詩／寺嶋陸也 曲 （中級）

同声合唱とピアノのための
舞いおどる言葉たち
工藤直子・谷川俊太郎 詩／松下 耕 曲 （初～中級）

二部合唱のための
暴れん坊将軍のテーマ・マツケンサンバII
松平 敬 編曲 （初級）

女声合唱ピース
Mela !
桜田直子 編曲 （中級）

女声合唱組曲
美しきためいき
サトウハチロー 詩／山下祐加 曲 （初～中級）

女声合唱曲
それでそれでそれで
サトウハチロー 詩／山下祐加 曲 （中級）

無伴奏女声四部合唱曲
わが道は明日《あす》も
与謝野晶子 詩／なかにしあかね 曲 （中級）

ちょっとオシャレな女声合唱曲集
恋におちて ― Fall in Love ―
松波千映子 編曲 （中級）

女声二部合唱のための
光輝く未来へ
伊藤一樹 詩／石若雅弥 曲 （初級）

女声合唱のための
今日をきらめく
谷川俊太郎 詩／大熊崇子 曲 （中級）

女声合唱とピアノのための
このたたかいが終わったら
覚 和歌子 詩／三宅悠太 曲 （中級）

大中恩女声合唱小品集
秋の女《おみな》よ
大中 恩 曲 （初～中級）

二部合唱のための３つのソング
ねむりそびれたよる
信長貴富 曲 （初級）

女声合唱組曲
あいたくて
工藤直子 詩／瑞慶覧尚子 曲 （中級）

同声二部合唱ピース
翼をください
根岸宏輔 編曲 （初～中級）

無伴奏同声合唱のための
旅二景
谷川俊太郎 詩／鈴木輝昭 曲 （中級）

女声合唱とピアノのための
音 楽
土田豊貴 曲 （中級）

女声合唱とピアノのための
木肌がすこしあたたかいとき
高橋順子 詩／松崎泰治 曲 （初～中級）

同声（女声）二部合唱とピアノのための
Wonderful One Day
山本 学 曲 （初～中級）

女声合唱曲集
音楽の前の……
北川 昇 曲 （初～中級）

女声（童声）二部合唱のための阪田寛夫童謡集
うたえバンバン
大中 恩／山本直純 曲 （初級）

女声合唱とピアノのための
優しき歌
立原道造 詩／名田綾子 曲 （中級）

女声二部合唱とピアノのための
世界中の幸せの量が一定だったとしたら
御徒町 凧 詩／宮本正太郎 曲 （中級）

同声合唱曲
道みち
吉本嘉典 詞／瑞慶覧尚子 曲 （初～中級）

同声合唱曲
空の向こうがわ
友竹 辰 詩／間宮芳生 曲 （初級）

女声合唱とピアノのための
窓のとなりに
谷川俊太郎 詩／松下 耕 曲 （初～中級）

無伴奏女声合唱のための
ほんとのきもちをください
谷川俊太郎 詩／松崎泰治 曲 （初～中級）